LA

Fontaine de Saint Brieuc

LA FONTAINE NOTRE-DAME

LA CHAPELLE DE

NOTRE-DAME DE LA FONTAINE

NOTE

SUR LA

Fondation de la Chapelle Notre-Dame de la Fontaine

Par J. TRÉVÉDY

Ancien Président du Tribunal de Quimper

Vice-Président honoraire de la Société Archéologique du Finistère

SAINT-BRIEUC

IMPRIMERIE-LIBRAIRIE-LITHOGRAPHIE RENÉ PRUD'HOMME

1897

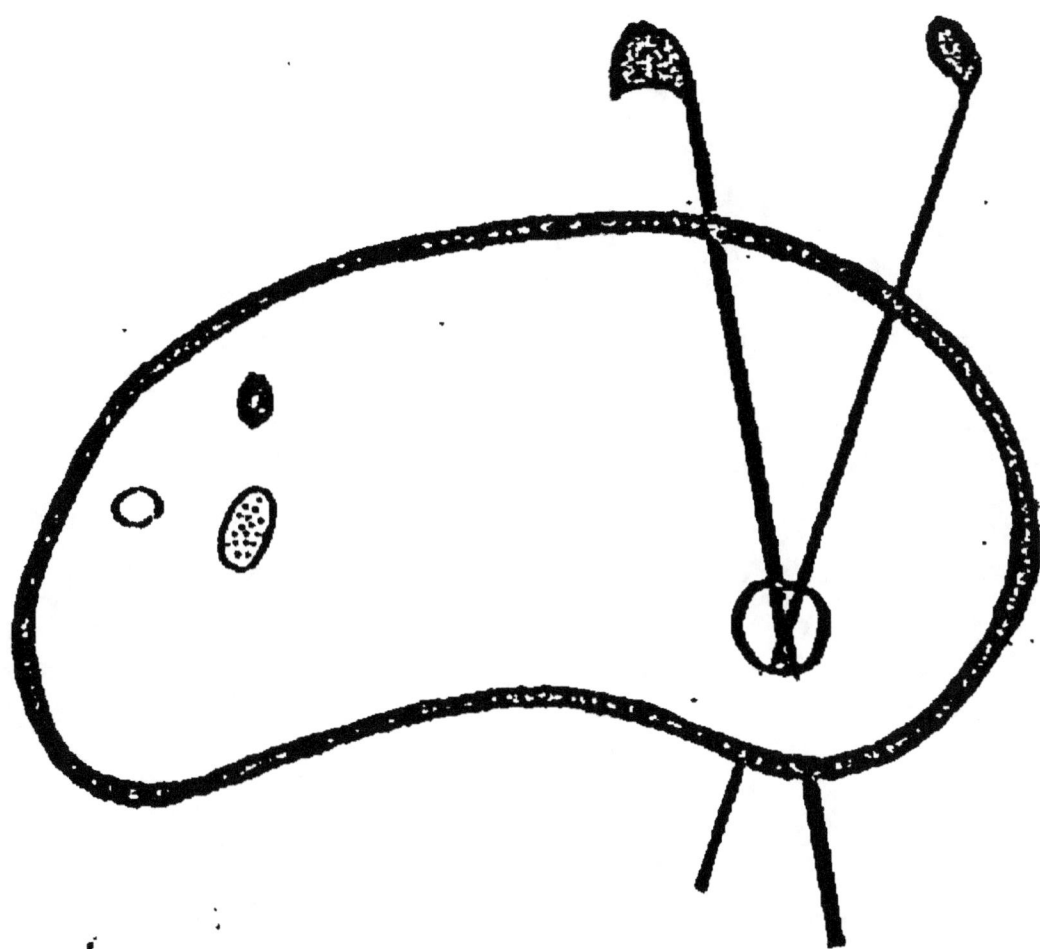

FIN D'UNE SERIE DE DOCUMENTS
EN COULEUR

LA

Fontaine de Saint Brieuc

LA FONTAINE NOTRE-DAME

LA CHAPELLE DE

NOTRE-DAME DE LA FONTAINE

NOTE

SUR LA

Fondation de la Chapelle Notre-Dame de la Fontaine

Par J. TRÉVÉDY

Ancien Président du Tribunal de Quimper

Vice-Président honoraire de la Société Archéologique du Finistère

SAINT-BRIEUC

IMPRIMERIE-LIBRAIRIE-LITHOGRAPHIE RENÉ PRUD'HOMME

1897

LA FONTAINE DE SAINT BRIEUC

La Fontaine Notre-Dame

LA CHAPELLE DE NOTRE-DAME DE LA FONTAINE

I

La Fontaine de Saint Brieuc.

La route montant du pont de Gouët à Saint-Brieuc
côtoie le ruisseau de Lingoguet sortant de la ville
qu'il a traversée du Sud au Nord. Vers les premières
maisons du faubourg, s'ouvre à droite de la route
une vallée secondaire formant le lit d'un ruisseau
coulant de la fontaine Notre-Dame.

Il y a quatorze cents ans, dans la seconde moitié
du ve siècle, les lieux n'avaient pas l'aspect qu'ils
présentent aujourd'hui : au lieu de maisons, de
jardins, de cultures et de riantes prairies, le flanc
de la colline ne portait qu'un bois et d'épais
halliers. Mais la configuration du sol n'était pas
autre que de nos jours : Le Lingoguet et son mo-
deste affluent se rencontraient à la même place ; et

la vallée se dédoublait à leur point de jonction (1).

Dans la seconde moitié du v⁰ siècle, vers 460, des bretons fuyant devant l'invasion saxonne, débarquèrent au hàvre du Légué sous la conduite d'un chef nommé Rigual.

Aussitôt débarqués les émigrants cherchèrent un lieu où s'établir. Rigual à leur tête, ils remontèrent le Gouët par sa rive gauche, le passèrent vers le point du Pont-de-Gouët, et gravirent la colline opposée. Arrivé au confluent du Lingoguet et du ruisseau de Notre-Dame, Rigual prenant à gauche suivit le cours d'eau principal, le Lingoguet ; bientôt il arriva sur un plateau traversé par une voie pavée (2) ; à peu de distance au-delà il trouva une clairière qu'ombrageait un chêne-rouvre.

(1) *Vallis bina* (vallée double) dans les *actes*, mot très exact mais qui ne peut s'entendre des deux vallées du Gouët et du Gouédic, comme plusieurs l'ont prétendu. Sur ce point, de la Villerabel, *A travers le vieux Saint-Brieuc*, p. 14. — Le plan du xvii⁰ siècle que reproduit le savant auteur donne le nom de *vallée double* à un ilot au-dessus du pont de Gouët. Si cet ilot a porté ce nom, c'est pure fantaisie.

Fantaisie aussi, selon M. de Kerdanet, la traduction du mot *Gouët* par le mot *Sanguis* ou *Sangua*, traduction du mot *Goad*. « On a pris *Gouët* pour *Goad*, sang. On aurait mieux fait de le prendre pour *Coet* ou *Coat*, qui signifie *bois*. » Albert Le Grand, *Vie de Saint-Brieuc*, p. 251, note 3. — L'érudit Baron du Taya est du même avis. *Brocéliande*, p. 239.

(2) La voie romaine allant des abords de Beaulieu (route de Brest) vers le hàvre de Cesson (rive droite). —

C'est en ce lieu que Rigual établit sa demeure, ou, selon le vieux texte latin, sa cour (*aula*) c'est-à-dire le siège de son autorité sur la petite colonie ; la clairière sans doute défrichée est nommée dans les actes le *Champ du Rouvre*. C'est sur le Champ du Rouvre que s'élève la cathédrale de Saint-Brieuc.

Les compagnons de Rigual se répandirent de proche en proche dans le voisinage. Toutefois ils s'écartèrent peu vers l'Ouest, puisqu'ils ne passèrent pas les rives escarpées du Gouët. Vers l'Est ils firent autrement. Une voie romaine coupant la forêt des abords du Champ du Rouvre au fond de la baie les invitait à descendre vers Yffiniac (1) ; et dans cette direction ils trouvèrent d'autres émigrés bretons. Ceux-ci avaient débarqué un peu auparavant au lieu dit Brahec dans l'anse d'Yffiniac ; et leur chef nommé Fracan s'était établi au lieu dit de son nom Ploufragan.

Les colons de Rigual eurent bientôt passé la rivière d'Urne, qui tombe à Yffiniac. Lui-même eut

M. du Mottay en a fait une voie principale de Coz-Yeaudet à Cesson, par Lannion, La Roche-Derrien, Pontrieux, Lanvollon, etc. (*Voies Romaines...*, p. 161 à 163). — Cette voie se continuait de Beaulieu à Yffiniac, et la voie allant à Cesson en passant sur le site de Saint-Brieuc n'était qu'un embranchement. Nous allons trouver cette voie principale.

(1) La voie dessinée par M. du Mottay jusqu'à Beaulieu, puis qu'il a détournée vers Cesson, mais qui se prolongeait vers le fond de la baie. J'ai exposé cela à une séance du Congrès de l'Association Bretonne (juin dernier) ; et M. de Ménorval a fourni sur le même point des renseignements qui ne laissent aucun doute.

un second manoir, une seconde cour au lieu nommé Lis-Hellion (*aula Helioni*, aujourd'hui Licelion) dans la riche presqu'île d'Hillion.

Vingt-cinq ans après son arrivée, l'autorité et les domaines de Rigual s'étendaient ainsi du Gouët au Gouessan.

Toutefois on peut remarquer que, au voisinage du Champ du Rouvre, sur la rampe escarpée qui descend au Gouët, la forêt n'avait pas été sérieusement entamée, et qu'un chemin vers la mer n'y avait pas été percé. Les nouveaux venus s'étaient contentés de la voie romaine traversée par Rigual auprès du Rouvre et qui allait directement au hâvre de Cesson.

Or, vingt-cinq ans environ après Fracan et Rigual, attérit au Légué une troupe de cent soixante-neuf moines bretons. Leur chef était Brioc, déjà septuagénaire. Brioc était cousin de Rigual ; mais, si Brioc savait le passage de son cousin en Armorique, il ne soupçonnait pas sa résidence en ces parages.

En quête d'un lieu où établir un monastère et le centre de son apostolat, Brioc prit à travers la forêt de la rive droite du Gouët, comme avait fait Rigual, et arriva bientôt au confluent du ruisseau de Notre-Dame avec le Lingoguet. Là, quelle direction va-t-il prendre ? S'il suit la vallée de gauche, le Lingoguet, il arrivera droit au Champ du Rouvre ; mais il prit sur la droite en remontant le ruisseau de Notre-Dame.

A quelque cinquante pas, Brioc trouva une source limpide. Fatigué d'une ascension pénible à travers le bois, le vieillard se reposa ; et il puisa à la fontaine, remerciant la Providence d'avoir préparé une

onde si pure pour lui et pour ses compagnons assis
autour de lui.

A ce moment survint un « chasseur » au service
de Rigual. Cette troupe d'inconnus vêtus de peaux
de chèvre ne lui inspire par confiance (1) : il va
prévenir son maître de l'arrivée des étrangers.
Rigual, malade et de méchante humeur, ordonne
qu'on chasse ces intrus même par la force, puis se
ravisant, il fait prier leur chef de venir le trouver.

Brioc obéit ; les deux cousins se reconnaissent ;
Brioc guérit Rigual ; et celui-ci, pour témoigner sa
joie et sa gratitude, abandonne à son cousin et à ses
frères toutes ses possessions entre Urne et Gouët,
et se retire à Lis-Hellion. Ce territoire, sauf l'étroite
seigneurie de Cesson, appelé par corruption le
Turnegouët, a fait partie jusqu'à la Révolution
du regaire de Saint-Brieuc. — Mais revenons au
v⁰ siècle.

---

(1) Le costume des moines bretons de cette époque
était une *tunique* de laine gardant sa couleur naturelle et
par-dessus un surtout très large dit *coule*, en peau, le poil
en dehors. D'après le texte, Brioc et ses compagnons por-
taient des vêtements bruns ou roux à poil *(rubeas ac his-
pidas vestes)*, expression, remarque M. de la Borderie,
« qui se rapporte à la teinte fauve du poil de chèvre ». —
Hist. de Bretagne. I. 300. — 514. — Il est curieux qu'un
costume analogue ait été conservé par les moines de Landévenec jusqu'aux premières années du xᵉ siècle. On peut
voir combien leur costume étonna Louis Le Débonnaire,
qui leur prescrivit de suivre la règle de Saint-Benoît, déjà
vieille de près de quatre siècles. — (Cart. de Landévenec.
Ed. de M. de la Borderie, p. 75.)

*
* *

La piété populaire ne pouvait manquer de consacrer la source à laquelle saint Brieuc avait puisé. Il semble bien vraisemblable qu'une chapelle l'a autrefois couverte (1) ; et, la chapelle disparue, qui pourrait s'étonner que la tradition ait marqué la place de la fontaine ?

Le sentier depuis élargi qui monte de la route du Gouët à Notre-Dame marque le creux du vallon de la source de Notre-Dame descendant au Lingoguet. Vers le point où saint Brieuc s'arrêta, il y avait non une seule source et une fontaine unique, mais deux sources nées à droite et à gauche du sentier, et formant chacune sa fontaine (2).

A droite, la source née sur le flanc du Tertre-Buette formait une fontaine qui se déversait dans un bassin, lavoir ou *douet* bordé de marches en pierre.

(1) Nous verrons cela plus loin.

(2) Ces renseignements et ceux qui suivent me sont donnés par M. l'abbé Daniel, curé-archiprêtre de Saint-Sauveur de Dinan. M. de la Villerabel avait reçu ces renseignements de M. l'abbé Daniel ; mais il les avait par erreur appliqués à la fontaine Notre-Dame, dont nous allons parler. *(A travers le Vieux Saint-Brieuc.* p. 93 et 91). C'est là que je les avais empruntés pour les publier. *(Pèlerinage des Sept-Saints de Bretagne,* p. 19). — Je remercie M. l'abbé Daniel et de m'avoir signalé l'erreur et de m'avoir donné le moyen de me rectifier.

La croyance populaire attribuait à ces eaux une vertu curative. Beaucoup venaient s'y baigner les pieds, notamment les malheureux atteints du *mal des Ardents* (1) ; et telle est la persistance de la tradition qu'il y a cinquante ans à peine, des vieillards, sans plus comprendre le sens du mot, nommaient encore la fontaine et le lavoir *fontaine et douet des Ardents.*

Sur la gauche du sentier, une seconde source, née dans le terrain compris aujourd'hui dans l'enclos de Montbareil (2) formait une fontaine vis-à-vis de la *fontaine des Ardents.* Quand le sentier fut élargi, cette seconde fontaine se trouva sous l'accotement du chemin et fut recouverte d'une large dalle dite de Saint-Cast, que l'on peut encore voir en place. C'est à cette seconde fontaine que la tradition réservait le nom de *Fontaine de saint Brieuc* (3), et la

---

(1) Mal épidémique, que quelques-uns ont cru être l'ergotisme gangreneux. Ce mal qui, comme la lèpre, semblait avoir un caractère mystérieux, se nommait aussi *feu sacré, feu de Saint-Laurent, feu de Saint-Antoine.* L'Eglise avait consacré aux soins des Ardents un ordre religieux, les *Antonins* ou *frères de saint Antoine* (1089).

(2) Religieuses de Notre-Dame de Charité du Refuge.

(3) Mes souvenirs personnels, moins complets que ceux de M. l'abbé Daniel, sont conformes sur ce point. Vers 1840, mon père me conduisit à la *fontaine* qu'il nommait *seule fontaine de saint Brieuc.* Il me dit aussi que la fontaine avait été autrefois protégée par une petite chapelle. Il avait recueilli ces souvenirs pendant les années passées au collège de Saint-Brieuc, 1817-1823. — M. de la Villerabel a mentionné l'antique chapelle, p. 14, note 2.

fontaine garda ce nom même aux jours néfastes où la ville, sans devenir port, reçut le nom mal imaginé de *Port-Brieuc*.

Cet état des lieux attesté par des souvenirs fidèles est exactement figuré sur un plan de la ville publié, il y a moins de quarante ans ; le plan donne au chemin qui séparait les deux fontaines le nom de *chemin de la Fontaine de saint Brieuc* (1).

Depuis longtemps, la fontaine et le *douet des Ardents* n'étaient plus visités par les malades ; mais, il y a quelques années, les deux sources coulaient encore à ciel ouvert. Même aux jours d'été, elles épanchaient libéralement leurs eaux limpides. Depuis le moine du ve siècle, combien ont-elles désaltéré de passants montant la longue et rude rampe du Gouët à Notre-Dame !

Or en 1891-92, les fontaines ont été comblées (2) ! —Pourquoi ? Parce qu'il y a des hommes ignorant ce que tous savent autour d'eux ; ou (c'est encore piré) pour lesquels ces lointains et religieux souvenirs

(1) Plan de la ville de Saint-Brieuc, par E. Postel, géomètre, publié par les *Tablettes statistiques*, etc., *Annuaire* pour 1860.

(2) « Les fontaines de Saint-Brieuc ont été comblées vandaliquement en 1891. » M. de la Borderie. *Hist. de Bretagne* I. p. 303, note 4. L'éminent historien n'a pas su le nom du vandale, et c'est dommage : il allait le porter à la postérité.

Interrogez les voisins, vous entendrez ce que j'ai entendu : « Quelle bonne eau et si près ! » Ils pleurent aussi le *douet* supprimé de l'autre côté du chemin, où l'eau se renouvelait sans cesse.

sont indifférents, sinon importuns. Cette destruction que déplorent encore les pauvres gens du voisinage, a-t-elle eu pour cause ignorance, insouciance ou hostilité ?...

Quoiqu'il en soit, la *fontaine de saint Brieuc* a disparu de nos jours, et les traces qui en restent disparaîtront. Heureusement qu'après cinq années seulement, il n'est pas trop tard pour sauvegarder le souvenir de la fontaine bénie. Que faut-il ?

Un signe extérieur qui en marque la place. La fontaine touchait presque le mur d'enclos du couvent de Montbareil à son angle nord. Il suffirait d'une croix fixée à ce mur, avec une inscription indiquant la place exacte de la *Fontaine de saint Brieuc*, et rappelant la première station sur le sol de l'Armorique du moine apôtre du pays, fondateur et patron de la cité. La croix se nommerait *Croix de saint Brieuc*.

Sans ce signe visible, l'ancienne tradition sera perdue pour la génération qui nous suivra, et il y faudra peu d'années. Voyez plutôt : Beaucoup d'hommes vivent aujourd'hui qui ont puisé à la *fontaine de saint Brieuc*, et pourtant, eux présents, le nom de *Fontaine de saint Brieuc* est transféré à une fontaine voisine dite pendant des siècles *Fontaine de Notre-Dame*. Ce nom était emprunté au vocable de la chapelle qui la surplombe : et, à son tour, la chapelle empruntant son surnom à la fontaine, s'est nommée *Notre-Dame de la Fontaine* (1).

---

(1) Le plan de 1800 dont j'ai parlé figure le *Chemin de la Fontaine de Saint-Brieuc*, et aux abords de Notre-Dame, la *rue de la Fontaine Notre-Dame*.

II

La fontaine Notre-Dame (1).

Dès que saint Brieuc fut en possession du vaste
domaine que lui donnait Rigual, sa première pensée
fut de construire une église et un monastère. Il
choisit sur le Champ du Rouvre la place qu'occupe
encore aujourd'hui la cathédrale. Ses moines élève-
ront leurs cases au voisinage de l'église. Plus tard,
des habitants viendront se grouper autour de ce
village monastique; et, comme il est arrivé en tant
de lieux, les moines qui cherchaient la solitude
auront fondé une ville.

A l'exemple de leur chef, les moines se mettent
à l'œuvre; mais les constructions prendront du
temps; en attendant qu'elles s'achèvent, il faut un

(1) Sur la *dualité* des fontaines de saint Brieuc et de
Notre-Dame. Voir *A Travers le Vieux Saint-Brieuc* par
M. de la Villerabel, p. 14-15-93-94. Cette démonstration
admise par M. de La Borderie (*Hist. de Bretagne* I., p.
300) semble bien certaine. Disons pourtant que Albert
Le Grand confond les deux fontaines. Dans la *Vie* de saint
Brieuc (p. 255, édition de M. de Kerdanet), il écrit : « Ils
(les moines) étaient assis près d'une fontaine. » et,
un peu plus loin, « Il (saint Brieuc) bâtit un petit oratoire près de la fontaine où il s'était premièrement arrêté,
laquelle a été depuis nommée la fontaine de saint Brieuc. »

oratoire, un lieu de prière qui soit le centre de ralliement des frères dispersés dans les divers ateliers ; pour cette raison, il faut à l'oratoire le voisinage d'une fontaine. Or, un peu au-dessus de la source dont nous avons parlé, coule une autre source bien plus abondante et non moins limpide. C'est ce lieu que saint Brieuc choisit ; et il construisit l'oratoire au flanc du rocher au-dessus de la source (1).

Grâce au voisinage de l'oratoire et plus heureuse que la *fontaine de saint Brieuc*, la *fontaine de Notre-Dame*, subsiste ; elle a même pris sa part des honneurs rendus à l'oratoire. L'oratoire a été recouvert d'une chapelle ; la fontaine a été couronnée de l'édicule dont je parlerai plus loin ; comme l'oratoire et la chapelle, la fontaine a reçu la visite de nombreux pèlerins, et comme eux, elle a son histoire.

La source nommée d'abord Orel aurait-elle été comme on l'a écrit, consacrée par les druides ? On pourrait répondre que, au temps de saint Brieuc, le druidisme avait disparu depuis longtemps. Mais res-

(1) Si l'on en croyait Déric, ce serait de cette situation de l'oratoire que Brioc aurait pris son nom : « Saint Brieuc a emprunté son nom de *bri*, rocher, et d'*oc*, vis-à-vis : ainsi par le terme *Brioc*, on entendait un homme qui habitait vis-à-vis d'un rocher. » — « Ce saint s'appelle encore *Briomacle*, ce qui exprime la bonté de son caractère et son attrait pour la solitude. *Briomacle* est formé de *bri*, rocher, d'*oc* vis-à-vis, de *ma*, bon et de *clé*, qui se cache ; bon homme qui se cache dans un lieu qui est vis-à-vis d'un rocher. » Tant de choses en un mot, n'est-ce pas admirable ! — Déric. (Hist. ecclés. de Bretagne, I, p. 325).

tait-il attaché à la source quelque souvenir de l'ancien polythéïsme ? Saint Brieuc eut-il à substituer au culte d'une divinité païenne le culte de la Vierge Marie ?

Quoi qu'il en soit, il est permis de croire que, de bonne heure et peut-être dès le vi⁰ siècle, le vocable de la Vierge Mère, traduit plus tard par le nom de *Notre-Dame*, appartint à la chapelle et à la fontaine contigüe. (1)

III

Notre-Dame de la Fontaine

La ville de Saint-Brieuc n'a pas un lieu plus anciennement consacré par la prière, et par conséquent plus vénérable que l'oratoire de saint Brieuc (2) ; et

(1) Sur la fontaine *Notre-Dame*, M. de la Villerabel, p. 93 et suivantes. C'est là que l'auteur parle du *douet des Ardents* dont il aurait dû parler à propos de la *Fontaine de Saint-Brieuc*, p. 14 et 15.

(2) Je ne veux pas dire que la prière chrétienne, même publique, ne s'était pas exercée à Saint-Brieuc avant l'arrivée de saint Brieuc. Rigual était chrétien ; son voisin Fracan aussi, avec sa femme sainte Guen et ses trois fils saint Guéthénoc, saint Jacut, fondateur de l'abbaye de son nom, et saint Guénolé, fondateur de Landévenec. Je veux dire seulement que le site de l'oratoire de saint Brieuc est le point de la ville signalé d'une manière certaine comme le plus anciennement consacré par la prière.

la chapelle qui le recouvre, portant le vocable de *Notre-Dame de la Fontaine*, participe justement à cette vénération.

Combien les lieux ont changé depuis que saint Brieuc prit possession du sol en y construisant son oratoire, et à combien de chapelles a succédé celle où les fidèles s'agenouillent aujourd'hui !

Il n'est pas possible qu'aussitôt après la mort de saint Brieuc (505) la piété populaire n'ait pas entouré de vénération le lieu où il pria d'abord ; on peut donc supposer une très ancienne chapelle presque contemporaine du saint. Ce n'est assurément pas cette chapelle primitive, mais une autre l'ayant remplacée qui tombait de vétusté vers la fin du xiv⁰ siècle.

Auprès de la chapelle, il y avait, au milieu de ce siècle, un hôpital ou « hostellerie » gratuite pour les pèlerins, qui devint une maladrerie ou léproserie (1).

A la fin du xiv⁰ siècle ou aux premières années du siècle suivant, Marguerite de Clisson, comtesse de Penthièvre, fit construire une autre chapelle (2). Le gracieux édicule appuyé au chevet et

(1) Sur ce point, M. de la Villerabel — p. 49 et 50. L'auteur cite le testament de Pierre de Boisboissel de 1362. — M. de Geslin, *Evéchés*. I. 289.

(2) On attribue unanimement la construction de la chapelle à Marguerite de Clisson, et non à son mari Jean de Blois, comte de Penthièvre. — Jean de Blois est mort le 16 janvier 1403. Si sa veuve a construit la chapelle, c'est entre cette date et 1420, date de l'attentat des Penthièvre sur le duc Jean V. *Anciens Evéchés*, I, 284.

couvrant la fontaine donne l'idée de ce que devait être l'édifice principal.

Au milieu du xvie siècle, un accident survenait au pignon qu'il fallut reconstruire ; mais l'édifice garda la grâce et les ornements dont l'avaient paré les « tailleurs de pierres » du xve siècle (1).

On ne voit pas qu'aux xviie et xviiie siècles, la chapelle, heureusement pour elle, ait subi d'autres réfections. A la fin du siècle dernier, devenue bien national, elle devait périr : elle fut démolie presque tout entière, et ses débris furent employés à construire une barricade destinée à fermer le chemin voisin.

En 1838, une personne dont le nom ne peut être prononcé sans respect à St-Brieuc, Mlle Bagot, acquit ces ruines et reconstruisit la chapelle, mais avec une économie qui lui était une nécessité.

Enfin tout récemment Mgr l'Evêque de St-Brieuc et Tréguier a restauré cette chapelle... sans pouvoir hélas ! ressusciter l'édifice de la comtesse de Penthièvre !

Peu de sanctuaires en Bretagne ont vu, dans le cours des siècles, passer un plus grand nombre de pèlerins : *Notre-Dame de la Fontaine* a été la station ou le but d'un double pèlerinage : le pèlerinage des *Sept-Saints de Bretagne*, dont nous allons dire quelques mots ; et celui de *Notre-Dame de la Fontaine*, dont nous parlerons ensuite.

---

(1) *Anciens Evêchés*, I, p. 285. La chapelle n'avait pas attendu son achèvement pendant plus d'un siècle.

**

Nous ne pouvons donner sur le pèlerinage des Sept-Saints des détails qui nous entraîneraient trop loin et répéter ici ce que nous venons de dire ailleurs (1). Disons seulement que cette *dévotion* remontant à une très haute antiquité, au xiie siècle sinon auparavant, fut très populaire pendant tout le moyen-âge (2).

Les Sept-Saints de Bretagne étaient les sept évêques venus de la Grande-Bretagne avec les Bretons fuyant devant les Saxons vainqueurs, et qui sont ou étaient censés fondateurs des sept évêchés Bretons : les saints Brieuc, à Saint-Brieuc ; Tugdual, à Tréguier ; Paul Aurélien, à Saint-Pol ; Corentin, à Quimper ; Patern, à Vannes ; Malo, à Saint-Malo ;

(1) Nous venons de publier une étude sur le *Pèlerinage des Sept-Saints de Bretagne.* (Soc. Arch. de Quimper), où l'on trouvera plus de détails.

(2) J'ai dit que le pèlerinage pouvait remonter au xiie siècle. — Le savant Dom Plaine m'apprend que nos Sept-Saints sont nommés dans le « *Codex parisiensis* » qui est de la fin du xiie siècle, et il me rappelle le testament fait en 1215, par Guillaume Le Borgne, sénéchal de Goëlo (Morice, Pr. I, 828) que j'ai eu l'occasion de citer et que j'avais oublié. Or le testateur donne cent livres à partager entre les *églises des Sept-Saints.* De l'existence de ces sept chapelles des Sept-Saints ne peut-on pas conclure l'existence du pèlerinage?

Samson, à Dol (1). Les évêchés de Rennes et Nantes étant gallo-romains, leurs fondateurs ne figurent pas sur cette liste.

Les pèlerins devaient honorer chacun des Sept-Saints dans son église. Il leur fallait donc faire le tour de la Bretagne. C'est de là que le pèlerinage prenait le nom de *Tro-Breiz* (tour de Bretagne).

Pour *faire le tour*, les pèlerins marchant à pied suivaient une route construite, disait-on, et pavée exprès pour eux (2) ; mais qui en réalité existait longtemps avant qu'il fût question des Sept-Saints : c'était une suite de voies romaines contournant la Bretagne, de Vannes par Quimper et St-Pol à St-Malo et Dol, et la traversant pour revenir à Vannes.

Malgré les fatigues et les dangers du voyage, les pèlerins se comptaient chaque année par milliers : on a calculé qu'une année de la fin du xive siècle, il en passa 35,000 à St-Patern de Vannes. Trente-cinq mille c'est à peu près le *vingtième* de la population des sept évêchés (3).

La piété et la charité de nos pères avaient bordé ces antiques grandes voies de chapelles, de fontaines dédiées à des saints nationaux, et si nom-

(1) Saint Patern n'était pas d'origine bretonne, mais, né au pays de Vannes, il était passé dans l'Ile de Bretagne, et il en revint avec les Bretons.

(2) Lobineau *(Hist.* Préface, et vo, et p. 538) a accrédité cette erreur malheureusement souvent rééditée.

(3) Sur ce point Abbé Luco. Bull. de la Soc. Polymathique du Morbihan (année 1874, p. 27 à 31.) Les deux évêchés de Nantes et de Rennes ne devaient fournir que peu de pèlerins *des Sept-Saints.*

breuses « qu'elles peuvent en quelque sorte, servir de jalons pour retrouver ces voies (1) ». Le vocable des *Sept-Saints* fut souvent donné à ces édifices. De plus, sur les mêmes routes s'élevèrent des aumôneries où le passant pauvre recevait un secours de route ; et même des « hôtelleries » ou hôpitaux, où le passant malade ou fatigué trouvait assistance et repos (2).

Le pèlerinage se faisait d'ordinaire à quatre époques de l'année, nommées les quatre *temporaux*, Pâques, la Pentecôte, la Saint-Michel et Noël (quinze jours avant et quinze jours après) (3).

Pendant les époques ordinaires du pèlerinage, les reliques de chacun des Sept-Saints étaient exposées dans son église à la vénération des pèlerins. Dans certaines églises, ceux-ci ajoutaient une *dévotion* à celle du pèlerinage. Ainsi à Tréguier, après avoir prié saint Tugdual, ils allaient, au moins depuis 1303, prier devant le glorieux tombeau de saint

_____

(1) M. Gautier du Mottay — *Recherches des voies romaines des Côtes-du-Nord*. p. 20. L'auteur ajoute : « Leur présence (des chapelles dédiées aux saints nationaux) nous a été plus d'une fois d'un grand secours dans les recherches » des voies antiques.

(2) C'est ainsi que aux Ponts-Neufs, en Morieux, sur l'ancienne voie d'Yffiniac à Alet (Saint-Servan), il y avait un hôpital fondé en 1397. A propos de cette fondation, nous rectifierons prochainement une erreur de M. Gaultier du Mottay, et nous expliquerons une énigme proposée par la *Géographie Historique des Côtes-du-Nord*, p. 94 (1890).

(3) Au xvᵉ siècle, les *temporaux* étaient réduits de quatre à deux.

2

Yves. A Saint-Brieuc, après avoir vénéré les reliques de saint Brieuc, sans sortir de la cathédrale, ils s'agenouillaient devant le tombeau de saint Guillaume (1247), puis, après cette double station, ils se rendaient à la chapelle Notre-Dame, pour prier devant son image et honorer une seconde fois saint Brieuc dans l'oratoire même construit par lui ; les pèlerins fatigués étaient reçus à « l'hostellerie » ; et la plupart ne manquaient pas, descendant cent mètres plus loin, d'aller visiter la fontaine de *saint Brieuc* et se baigner les pieds au *douet des Ardents.*

Tous les rangs étaient confondus dans ces pieuses pérégrinations. L'histoire a conservé le nom de deux pèlerins des Sept-Saints, notre glorieux saint Yves et le duc Jean V, en 1419 (1).

*
* *

Mais la chapelle Notre-Dame avait bien d'autres visiteurs. Elle était, avons-nous dit, le but d'un pèlerinage spécial, le pèlerinage de *Notre-Dame de la Fontaine.* C'est à ce titre qu'elle reçut la visite de plusieurs de nos ducs, celle de Jeanne de Navarre,

---

(1) Je n'affirme rien en ce qui concerne saint Yves. J'ai lu le fait notamment dans *A travers le Vieux Saint-Brieuc,* p. 94 ; mais deux savants ecclésiastiques me disent que les *actes* de saint Yves ne le mentionnent pas. Albert Le Grand n'en parle pas non plus.

femme de Jean IV (avant 1394) (1) et celle de la duchesse Anne devenue Reine de France.

En 1506, la Reine partit de Nantes pour aller par Vannes et Quimper en pèlerinage au Folgoët ; le long de cette longue route elle reçut cet « honneur, triomphant et magnifique, » ajoutons singulièrement touchant, que célèbre un contemporain. — « Et estoit quasi chose miraculeuse de veoir par les champs, chemins, boys, si grant multitude d'hommes, femmes et petits enfants qui accouroyent pour veoir leur dame et maîtresse (2) ».

Au retour, la Reine prit par Morlaix, Tréguier, où elle s'agenouilla auprès des tombeaux de saint Yves et du duc Jean V, son grand oncle. De là, par Guingamp, elle vint à Saint-Brieuc : « Auquel lieu luy fut la ville tendue honorablement de beau linge blanc de la faczon du pays. Et là estoyt levesque du dict lieu, lequel avec son collège, tous les manans, habitans et citadins de la dicte ville la receurent le plus honorablement que possible leur fut. Elle ne fut que environ deux jours en la ville qu'elle ne fut mandée du Roy... » (3). Mais pendant ce séjour, la Reine ne manqua pas de visiter Notre-Dame de la Fontaine.

Pendant cette visite, la Reine ne se doutait pas que du temps de son bisaïeul Jean IV, le pèlerinage de Notre-Dame avait été presque l'occasion d'une guerre entre la France et la Bretagne. — C'est ce que nous allons voir.

(1) Morice, *Pr.* II, 624.
(2) et (3) Alain Bouchard (1514) f° 265, v° et f° 266, r° et v° Ed. des Bibliophiles Bretons.

Au mois de janvier 1395 (n. s.) le Roi Charles VI,
députa au duc Jean IV « pour le sommer de réparer
et amender plusieurs entreprinses et actemtaz
(attentats) faitz par luy et ses gens au préjudice
du Roy, de son ressort, souveraineté et droiz
royaux (1). »

(1) On a dit que « la duchesse de Bretagne, femme de
Jean IV, se rendait à Notre-Dame, quand Clisson chercha
à l'arrêter, et qu'il en fut empêché par l'évêque de St-
Brieuc. » *Anciens Evêchés*, I, p. 284. On place ce fait un
peu avant 1394, pendant la lutte armée de Jean IV et
Clisson. A cette époque, Jean IV avait pour femme depuis
1386 (c'était la troisième) Jeanne de Navarre, fille du roi
Charles le Mauvais. Or sa tante paternelle, Jeanne comme
elle, était femme de Jean, vicomte de Rohan, beau-frère de
Clisson. En 1392, dans une situation désespérée, la vicom-
tesse de Rohan avait, sur la prière de Clisson, recouru à
la duchesse sa nièce, qui avait ménagé la paix entre le duc
et Clisson. Comment croire que deux ans plus tard Clisson
essaie d'arrêter la duchesse ?
On renvoie à Morice, *Pr.* II. 632. Il faut lire 624. On
voit là une affaire que Lobineau *(Hist.* p. 489-490) et
Morice *(Hist.* I, p. 421) placent en 1394, et qui est assez
obscure. Elle n'est connue que par une lettre de Jean IV
(sans date) adressée à un gentilhomme bas-breton. Le duc
lui rapporte des paroles de Clisson que l'on peut résumer
comme suit (Lobineau, *Pr.* 787. — Morice, *Pr.* II, 624-625) :
« La duchesse (Jeanne de Navarre) allant à Notre-Dame
de la Fontaine, je me disposais à aller au-devant d'elle ;
j'appris que l'évêque de Vannes (Henri le Barbu) mettait
des hommes armés en embuscade pour me faire un mauvais parti ; mais, je me vengerai, je mettrai l'évêque à
mort ; j'assemble mes amis, je soulèverai les communes,

Le choix des députés montre deux choses : l'intérêt que le Roi attache au succès de cette démarche et l'importance du duc de Bretagne.

Le chef de l'ambassade est Philippe le Hardy, oncle du Roi, duc et comte de Bourgogne, comte de Flandre, d'Artois, etc., « lieutenant du Roy et ayant de lui puissance et auctorité ; » — il est accompagné des évêques de Bayeux et de Noyon, de Jehan de Vienne, amiral, du président de la cour des comptes et de conseillers du Roi, seigneurs de Bar, de Giac, et Guy sire de la Trémoille, Sully et Craon (1).

Rendez-vous est donné à Jean IV à Angers ; là, l'évêque de Bayeux expose les griefs du Roi. Il y en a neuf dont de très graves et contre lesquels le duc devait avoir quelque peine à « proposer excusations et déblasmes » sérieux.

Nous n'en relevons qu'un : Le Roi se plaint de voies de fait exercées sur des Malouins venus en pèlerinage à Notre-Dame-de-la-Fontaine.

Se charge-t-il donc du patronage des habitants de Saint-Malo ? Oui. Il fait dire par ses députés que « Saint Malo est notoirement de la garde du

et je compte sur 25 ou 30,000 hommes... » Et ces compromettantes confidences, Clisson les aurait faites à deux gentilshommes dévoués au duc ! Le duc ajoutait que cet armement lui semblait dirigé plutôt contre lui-même que contre l'évêque. — Tout cela a l'air d'une fable imaginée et assez mal par le duc pour avoir l'occasion de soulever la noblesse contre Clisson.

(1) Celui qui commença la grandeur de sa maison, le père de Georges, le ministre favori de Charles VII.

Roy et que l'évesque, chapître et habitans main-
tiennent que ledit duc n'y a que voir, et que le Roy
y est souverain seigneur (1). »

La remise de Saint-Malo au Roi de France est
une des curieuses aventures de ces temps-là.

Le duc Jean IV obligé des Anglais resta leur très
dévoué serviteur. Rançonné sans pitié par ses rapa-
ces alliés, il était toujours, comme dit Hévin, « à sec
de finances », et fut grand « inventeur de subsides ».
Des impositions nouvelles le brouillèrent avec l'évêque, le chapître et les bourgeois de Saint-Malo. — De
ces graves débats il reste un témoin que nous pouvons admirer encore, la tour *Solidor*, à l'entrée de
la Rance, qu'on dirait bâtie d'hier, et qui, aînée de
la Tour de Cesson, compte plus de cinq siècles.

Deux évêques de Saint-Malo, Josselin de Rohan,
qui, en 1369, possédait à Saint-Brieuc l'hôtel de Rohan, et après sa mort, en 1389, son successeur
Roger de la Motte, prétendirent que, seigneurs d'une
ville épiscopale, ils relevaient directement du Pape ;
sur l'assentiment des bourgeois, l'évêque Roger de
la Motte donna la ville à Clément VII, qui la donna
au Roi Charles VI, lequel s'empressa d'envoyer son
acceptation que les bourgeois ratifièrent. (Juin 1394
à juin 1395).

Prenant ou faisant semblant de prendre son
titre au sérieux, le Roi écrivit à Jean IV pour se
plaindre des vexations que celui-ci exerçait contre
les Malouins. Le duc répondit au Roi, promettant
de les faire cesser ; mais en même temps, il frappa

(1) D. Morice, *Pr.* II, 629-633.

Saint-Malo d'une sorte d'interdit. Il « fit crier par toute la Bretagne que nul n'allât à St-Malo sous peine de corps et biens », — et apparemment il prétendit empêcher les Malouins de pénétrer en Bretagne.

C'est ce que l'on peut inférer du grief énoncé comme nous allons dire ; et remarquez que l'attentat dont se plaint le Roi n'est pas reproché à des brigands (on pourrait s'y méprendre); mais aux officiers du duc, c'est-à-dire au duc lui-même ! Lisons plutôt :

« Depuis que le duc avait écrit au Roi qu'il ferait cesser les voies de fait contre Saint-Malo, lui et ses gens, par espécial le sire de Mangon, avaient pris sur les gens de Saint-Malo en biens et marchandises la somme de quatre mille livres et plus (environ 250,000 fr. monnaie actuelle); et ont été pris quelques habitants qui allaient en pèlerinage à Notre-Dame de la Fontaine à Saint-Brieuc, qui sont encore au pain et à l'eau en prison (1). » Or ils ne peuvent être détenus que par ordre du duc.

Nous n'avons malheureusement pas la réponse faite à cette accusation si nettement formulée, ni la suite immédiate donnée à la plainte. Il est proba-

(1) Un auteur renvoyant au document que je résume attribue cette plainte au connétable de Clisson. *Evéchés de Bretagne*, I, p. 284. — Et un auteur renchérissant dit que les pèlerins emprisonnés ne furent « arrachés au pain et à l'eau » que grâce à l'intervention du connétable, en 1394. » — Le *Vieux Saint-Brieuc*, p. 95 ; et l'auteur renvoie encore aux *Preuves*, T. II, p. 632, de Morice. La vérité est que Clisson fut absolument étranger à cette affaire qui se passe entre le duc Jean IV et le Roi.

ble que le duc ne se sera pas obstiné à garder les Malouins en prison, sauf à protester de sa souveraineté sur leur ville.

Le Roi de France laissa dire Jean IV ; et vingt ans passeront avant que Saint-Malo soit rendu au duc Jean V. Jamais acte de justice ne fut mieux mérité. Le duc avait autorisé son frère le comte de Richemont à servir dans l'armée royale avec cinq cents chevaliers bretons. Dans la campagne de 1415, il fit plus : il envoya dix mille hommes d'armes rejoindre l'armée royale. Le 25 octobre, l'armée bretonne était à une journée de marche d'Azincourt. Mais les Français ne voulaient pas partager avec les Bretons l'honneur de la victoire, ils combattirent sans les attendre et on sait ce qui s'ensuivit.

Le soir, on releva parmi les morts un jeune chevalier couvert de blessures. Les armoiries peintes sur son écu le firent seules reconnaître pour Arthur, comte de Richemont, frère de Jean V. Il fut emmené prisonnier en Angleterre.

Il en reviendra dans sept ans. Deux ans après, il sera connétable de France ; il vengera le désastre d'Azincourt et sa longue captivité. C'est lui qui engageant le combat forcera Jeanne d'Arc à vaincre à Patay (1429), qui enlèvera le duc de Bourgogne à l'alliance anglaise (1435), rendra Paris à la France (1436), sera vainqueur à Formigny (1450) ; enfin il formera l'armée qui, victorieuse à Castillon (1453), chassera l'Anglais de France, et que, devenu duc de Bretagne et restant connétable, il rêvait de conduire sous les murs de Londres.

IV

Il y a quelques années, Mgr Fallières, évêque de St-Brieuc et Tréguier, eut l'heureuse pensée de réparer la chapelle de Notre-Dame de la Fontaine et l'oratoire de St-Brieuc. Une souscription fut ouverte ; et l'accueil qu'elle reçut a prouvé au vénérable prélat combien son projet était sympathique à tous.

Dans la chapelle restaurée, des vitres peintes rappellent quelques traits de la vie de saint Brieuc. Sa statue occupe la place d'honneur à gauche de l'autel. C'est justice : saint Brieuc est là chez lui. La statue de saint Tugdual fait pendant (1).

L'ancien évêché de Tréguier est réuni à l'évêché de Saint-Brieuc ; saint Tugdual a été pendant mille ans le patron du diocèse de Tréguier. L'annexion de Tréguier à Saint-Brieuc n'a pas destitué Tréguier du patronage de saint Tugdual? Le grand et infatigable apôtre, conquérant pacifique de la Domnonée, depuis le Keffleut qui passe à Morlaix, jusqu'à la Rance (2), n'est-il pas un des deux fondateurs du diocèse actuel de Saint Brieuc? A ce titre son image n'avait-elle pas sa place marquée auprès de celle de saint Brieuc? Une fois deux des Sept Saints représen-

(1) Sur un témoignage que je devais croire sérieux, j'avais écrit saint Guillaume, second patron du diocèse.

(2) M. de La Borderie. *Hist. de Bretagne*, I. 353-359.

tés dans la chapelle, pourquoi ne pas y admettre les cinq autres ? Ils ont été pendant de longs siècles associés par la Bretagne entière aux mêmes honneurs que saint Brieuc et saint Tugdual ; et jusqu'à la fin du dernier siècle, ils avaient des chapelles ou des autels en communauté avec ces deux saints.

A cette époque, en exécution de lois barbares, beaucoup de chapelles des *Sept-Saints* ont été (avec tant d'autres églises !) vendues comme carrières ou livrées à des usages profanes (1) ; et leurs autels ont été détruits dans les églises saccagées (2).

Cent ans après ces orgies sacrilèges, ne convenait-il pas, en reconstruisant la chapelle de l'un des Sept-Saints bretons, de réunir leurs sept images dans le même sanctuaire (3)? C'eût été un acte de réparation et de justice.

Il faut bien le reconnaître, la destruction des autels des Sept-Saints a presque effacé leur souvenir.

(1) A Brest, l'église des Sept-Saints était devenue une auberge et a conservé cette destination jusqu'à 1843 (Ogée, I. 120). — Elle a été démolie en 1844.

(2) Comme à la cathédrale de Quimper. Les statuettes des Sept-Saints, si elles étaient de pierre, furent brisées ; si elles étaient de bois, elles furent brûlées solennellement aux pieds de la statue de la Raison, en présence des autorités (12 décembre 1793, fête de Saint-Corentin). Ces dévastations étaient l'exécution d'un arrêté de la municipalité de Quimper prescrivant la destruction des *idoles*. (M. Le Guillon-Penanroz. *L'administration du Finistère*, p. 374).

(3) Comme il a été fait à Quimper où les Saints-Septs sont peints au rétable de la chapelle absidale.

Je m'explique : chacun des Sept-Saints est encore individuellement honoré au lieu de sa résidence mortelle, comme saint Brieuc et saint Tugdual dans le diocèse de Saint-Brieuc ; mais les Sept-Saints ne sont plus, comme autrefois, associés à des honneurs communs.

La Bretagne d'aujourd'hui sait-elle même le nom de ses Sept-Saints ? Non ! et comment s'en étonner ? Au commencement du dernier siècle, D. Lobineau, notre savant historien, « hésitait sur leurs noms », et en dressait une liste inexacte. Or savez-vous qui le tira de son erreur ? Les images des Sept-Saints sculptées sur le vieil autel de la cathédrale de Quimper (1).

Les images des Sept-Saints rapprochées de nouveau dans la chapelle de saint Brieuc auraient de même ravivé leur mémoire. Or n'était-il pas *patriotique* au point de vue breton de ressusciter leurs noms pour les graver dans le souvenir ? Les Sept-Saints de Bretagne furent chers à nos pères ; nous leur devons la même reconnaissance. Nos Sept-Saints furent non seulement les compagnons, les guides, les consolateurs des Bretons chassés de leur patrie ; mais les pères et les fondateurs de la nation Bretonne en Armorique.

Est-ce trop demander pour les *Sept-Saints de Bretagne* ? Du moins pouvait-on rappeler et leurs noms et le souvenir du pèlerinage que la Bretagne entière leur a voué pendant des siècles. Il suffisait

(1) Lobineau. *Hist.* Préface p. e (v°).

d'une inscription rappelant cette invocation que des milliers de bretons ont autrefois répétée :

« SAINTS BRIEUC, TUGDUAL, POL, CORENTIN, PA-TERN, MALO ET SAMSON, SEPT-SAINTS DE BRETAGNE, PRIEZ POUR LES BRETONS ! »

⁎

Au début de cette étude, j'ai exprimé le vœu qu'une croix marquât la place de la *Fontaine de saint Brieuc* et gardât son nom. Je l'adresse avec confiance aux Religieuses propriétaires de la source bénie.

Je viens d'exprimer un second vœu en l'honneur des Sept-Saints de Bretagne. Je le soumets respectueusement à Sa Grandeur Monseigneur l'Évêque de Saint-Brieuc et Tréguier, à ce double titre successeur de deux de nos Sept-Saints.

Voici un troisième vœu en faveur de la *Fontaine Notre-Dame*, et indirectement en faveur de la ville de Saint-Brieuc. C'est à la ville elle-même que s'adresse ce dernier vœu.

Lorsque, le 31 juillet 1838, Mlle Bagot acquit les ruines de la chapelle Notre-Dame, la ville se réserva expressément la fontaine et l'édicule qui la recouvre (1). Depuis cette époque, plus d'un demi siècle a

(1) « La voûte et les deux pinacles qui recouvrent la fontaine Notre-Dame demeureront la propriété de la ville de Saint-Brieuc qui réserve tout son droit à la dite fontaine. » Extrait de l'acte de vente du 31 juillet 1838.

passé, et la ville n'a fait sur cet édicule qu'un seul acte de possession : elle l'a entouré d'une grille de fer pour le protéger contre le jet des pierres : acte de protection inefficace ; mais qui révèle pourtant l'intention de sauver le monument d'une destruction complète.

La ville s'en tiendra-t-elle à cet acte unique et insuffisant de conservation ? Saint-Brieuc n'a pas tant de monuments anciens qu'il lui soit permis de laisser en son état de dégradation *la fontaine Notre-Dame* (1).

Or, par un heureux sort, la fontaine ne figure pas sur la liste des monuments historiques ; et la réparation que la ville déciderait pourrait s'accomplir sans l'autorisation et le contrôle de personne (2). Excellente situation !

(1) On vient de découvrir un ancien et très curieux monument à St-Brieuc. — Cette découverte archéologique est due au *Petit Journal*.

Son rédacteur, M. Paul Belon, a fait le voyage de Bretagne à la suite de M. le Président de la République ; il signale « la préfecture, un vieux monument des plus curieux, appelé anciennement le palais Royal des Bourgeois. » — Un peu plus loin l'auteur « admire au galop la cathédrale, une pure merveille d'architecture. » 12 août 1896.

(2) J'ai interrogé sur ce point la *Géographie historique des Côtes-du-Nord*, publiée en 1890 : elle ne mentionne pas la fontaine Notre-Dame comme monument *historique*. Mais elle mentionne la Tour de Cesson : Erreur ! Le propriétaire s'est opposé au classement... très heureusement pour la Tour qu'il a consolidée.

Et, une fois la réparation faite, il faut espérer que la ville saura imposer aux enfants du quartier le respect de sa propriété (1).

Dire (je l'ai entendu) avec une résignation niaise : « Les enfants ne respectent rien ; mais il en a toujours été ainsi », c'est faire preuve d'une coupable indulgence. J'ajoute : c'est calomnier les enfants voisins de la chapelle Notre-Dame aux siècles passés. Si ceux-ci avaient été atteints, comme les enfants d'aujourd'hui, de la manie de la destruction, n'auraient-ils pas, durant cinq siècles révolus, accompli la besogne, ne laissant rien à faire à leurs successeurs du XIXe siècle ?

Mais je suppose que la ville de St-Brieuc se désintéresse de l'édicule couronnant la fontaine, qu'elle n'en projette pas la réparation ou qu'elle ne voie pas le moyen efficace d'en assurer la conservation. Alors qu'elle renonce, — en ce qui concerne ce monument, — à la réserve écrite dans le contrat passé avec Mlle Bagot, dont la communauté des filles du Saint-Esprit est aujourd'hui l'ayant cause !

Cette renonciation aura un double avantage.

Avantage pour l'édicule qui sera réparé. La communauté du Saint-Esprit ouvrira une sous-

(1) Art. 257 du Code pénal. — La dégradation de monuments publics est punie d'un emprisonnement d'un mois à deux ans, et d'une amende de cent francs à cinq cents francs.

Et art. 475 § 8. — Amende de six à dix francs pour jet de pierres contre les édifices.

Voilà deux articles qui, pour la plupart des villes, ne sont plus au nombre des *lois existantes*.

cription qui sera bientôt couverte ; et dans un an, elle aura fait ce que la ville n'a pas su ou voulu — je ne dis pas n'a pas pu — faire dans un siècle écoulé.

Avantage pour la ville qui aura vu, sans bourse délier, réparer le monument ; et qui sera sauvée pour toujours, — du moins en ce qui concerne la fontaine Notre-Dame, — du reproche de négligence unanimement et trop justement formulé contre elle par ses visiteurs du mois de juin dernier.

ERRATA

Page 14, 2ᵉ alinéa, aux mots :
A la reconstruction, la chapelle perdit sa grâce et ses ornements.....
Substituer la phrase et la note suivante :
La chapelle les gardait encore au milieu du XVIIᵉ siècle (2) ; et rien ne fait supposer qu'il en fût autrement à la fin du dernier siècle. A cette époque..... *et la suite.*

(2) Procès-verbal du sénéchal royal de 1652. *Anciens évêchés,* I, p. 287.

Page 16, au lieu de la note 1ʳᵉ et de la phrase :
Les évêchés de Rennes et de Nantes étant gallo-romains.... etc.
Lire la phrase et la note suivante :
Quant aux évêchés de Rennes et de Nantes, leurs fondateurs ne figurent pas sur cette liste (1).

(1) Et pour cette raison, c'est que ces deux évêchés n'ont pas fait partie de la province ecclésiastique dont Dol fut la métropole ; et que la qualité de suffragants de Dol appartenant aux autres évêchés bretons a mérité à leurs fondateurs l'admission sur la liste.

NOTE

SUR LA FONDATION DE LA CHAPELLE

Notre-Dame de la Fontaine

————

En 1636, la ville de Saint-Brieuc reçut la visite d'un gentilhomme de Normandie nommé Nicolas Baudot, seigneur du Buisson et d'Ambenay, militaire, diplomate, collectionneur, épigraphiste, chercheur passionné de voies romaines, de généalogies, de curiosités de tous genres. Du Buisson avait parcouru la plupart des Etats de l'Europe, lorsque en 1636 il vint en Bretagne. Il accompagnait Jean d'Etampes-Valençay, président au grand Conseil, nommé commissaire du Roi aux Etats qui allaient s'ouvrir à Nantes. Il ne manqua pas l'occasion de faire le tour de la Bretagne, s'enquérant de tout, prenant des notes sur tout. A la fin d'octobre, il était à Saint-Brieuc (1).

(1) L'érudite curiosité de du Buisson fut récompensée. Il devint gentilhomme de la chambre du Roi, 1645 ; historiographe du Roi, 1646 ; maître d'hôtel ordinaire, 1649; intendant des devises et inscriptions pour les jardins, galeries et bâtiments royaux. Il est mort en 1652 tenant le journal de sa maladie jusqu'à l'avant-veille de son décès !
Je dois cette communication et les renseignements qui précèdent à M. P. de Berthou, qui s'est chargé d'éditer l'*Itinéraire en Bretagne*.

3

Du Buisson a rédigé son *Itinéraire en Bretagne* que la Société des *Bibliophiles bretons* va faire imprimer et qui offrira un vif intérêt. Le lecteur en jugera par l'extrait qu'il m'est permis d'en donner.

On reconnaîtra que du Buisson était peu versé — ce n'est pas un reproche à lui faire — dans l'histoire généalogique de Bretagne ; mais il avait de bons yeux, observait, savait rendre compte de ce qu'il avait vu — c'est un mérite à relever.

Vous allez le voir appeler par leurs noms de *Notre-Dame* et de *Saint-Brieuc* les deux fontaines dont nous avons parlé ; et la description qu'il donne des deux vitres de la chapelle Notre-Dame complète et rectifie sur plus d'un point le procès-verbal dressé, en 1652, par le sénéchal royal de Cesson et Goëlo (1).

Nous aurons à rapprocher le texte de du Buisson de celui du sénéchal venu seize ans après lui à Notre-Dame. Cette confrontation nous apportera de noúvelles lumières.

Voici le texte de du Buisson (2).

*
* *

(1) *Anciens évêchés* I. 287. Le procès-verbal cité est signé du sénéchal royal de St-Brieuc, c'est-à-dire du sénéchal royal de Cesson et Goëlo, juridictions réunies par l'édit de Châteaubriant (octobre 1565). et dont le siège après de longs débats fut fixé à Saint-Brieuc, par emprunt de territoire. Saint-Brieuc était de la haute justice du regaire de l'évêque.

(2) J'écris en *italique* les renseignements dont l'inexactitude va être démontrée.

« ... Outre ces trois églises, il y a des chapelles comme celle de St-Gilles, proche la grande église, celle de Notre-Dame, au fond de laquelle soubz un portique sourt une belle fontaine qui mesle son ruisselet avec celuy de la fontaine de Saint-Brieuc, et s'en vont en celuy de l'Ingoguet ; et tous ensemble tombent dans la rivière de Gouët.

» La chapelle est fort jolie et a un vitrail fait de l'an 1447, où sont *les armes des cadets d'Avaugour*. Au grand vitrail sont des armes comme il y en a au bout boréal de la croisée de Saint-Brieuc (1), à sçavoir : de gueules au lyon d'argent coronné d'or, mi-parties de gueules et 9 macles d'or, et partout ce sont M d'or et d'azur coronnées d'or, avec cette devise : « Pour ce qu'il me plest. » C'est en bonne orthographe : « Pour ce qu'il me plaît. »

« La tradition porte que ce fut une Margot de Clisson *mariée à un de Rohan* qui la fit bastir. Mais cela serait fort éstrange que les armes de la femme

(1) La vitre du croisillon nord signalée par M. de Geslin, *Anciens évêchés*, I, p. 216, comme construite par l'évêque Alain de la Rue, entre 1420 à 1424. — Un manuscrit de 1726 y signale les armes de Léon et Rohan en alliance. Du Buisson y a vu les armes de Clisson et Rohan. — Léon porte de gueules au lion morné de sable. C'est sans doute la présence du lion sur l'écusson qui a induit en erreur l'auteur du manuscrit.

Les M ne sont pas des lettres *à la romaine*, comme le dit le procès-verbal de 1652 ; mais des majuscules gothiques, *que Du Buisson figure*, semblables à celles que M. de Geslin a vues à Notre-Dame de Lamballe. *Anciens évêchés*, I. 287. Note 1.

fussent devant et au costé droit de celles du mary,
veu que mesme le mary estoit de plus ancienne et
illustre maison. »

**

Nous verrons plus tard s'évanouir cette objection ;
mais auparavant étudions les deux vitres décrites :
la grande vitre derrière l'autel et une moindre dont
du Buisson ne marque pas la place, mais qui, selon
le procès-verbal de 1652, était du côté de l'épître.
C'est cette vitre qui porte la date de 1447 non relevée
dans le procès-verbal. Nous viendrons tout à l'heure
à cette date, mais passons d'abord en revue les
écussons décrits par du Buisson.

Au vitrail latéral du Buisson signale : « *les armes
des cadets d'Avaugour...* » L'auteur veut dire apparemment *les armes d'Avaugour, cadets de Bretagne*,
c'est-à-dire les armes des anciens Penthièvre, dé-
pouillés de tout leur comté moins le Goëlo, par Pierre
de Dreux (1212-1225), et ayant pris le nom d'Avaugour, une seigneurie du Goëlo. Mais c'est une erreur.
Les armes d'Avaugour étaient anciennement un *arbre
chargé de trois pommes* ; quand les Penthièvre pri-
rent le nom d'Avaugour, les armes devinrent d'*argent
au chef de gueules* (1). Or, ces armes, du Buisson ne
les a pas vues. Ce qu'il a vu, ce sont les *ermines*
signalées à la même place par le sénéchal, en 1652 ;
mais signalées à tort *comme les armes de Bretagne*.

(1) Bon de Courcy. *Nobiliaire.* V° *Avaugour*.

Le sénéchal n'a pas remarqué que les *ermines* sont entourées d'une *bordure* de gueules. Dès lors, l'écusson chargé d'ermines n'est pas l'écusson de Bretagne, c'est l'écusson de Penthièvre.

Sur ce point aucun doute. En 1633, une question de compétence sur la chapelle s'élève entre le sénéchal royal et le sénéchal des regaires. Le premier veut voir dans l'écusson *en supériorité* les armes des ducs de Bretagne, comme fondateurs de la chapelle ; et le Roi, dit-il, est leur successeur au droit de fondateur. Mais l'évêque établit par des pièces que les Penthièvre sont fondateurs ; ils ont donc leurs armes en supériorité (1).

Ajoutons que les armes de Penthièvre ne sont pas posées là en souvenir des anciens Penthièvre devenus d'Avaugour au xiiie siècle ; mais en marque de la fondation faite par les nouveaux Penthièvre, possesseurs du comté rétabli par le duc Jean III (1317) en faveur de son frère Guy, époux de l'héritière de Penthièvre-Avaugour.

La description de la grande vitre derrière l'autel est conforme à la description de 1652 : elle nous montre un écusson de *gueules au lion d'argent rampant couronné d'or* (2), armes des Clissson, puis un

_____

(1) *Anciens évêchés.* I. 287 et suiv.

Il semble bien que parmi ces *pièces* était l'acte de fondation puisqu'on y voit indiquées des processions et des messes solennelles à l'intention de Marguerite de Clisson, *droits* qui ne peuvent être que les conditions de la fondation.

(2) Pour être tout à fait exact, il aurait fallu ajouter *armé et lampassé,* en termes intelligibles pour tous, lion

écusson mi-parti du même et de gueules à neuf macles d'or, armes des Rohan ; enfin du Buisson, comme
le procès-verbal, signale un semis de M couronnés
d'or avec la devise audacieuse de Clisson : « Pour
ce qu'il me plaist », que le sénéchal n'avait pu lire (1).

L'attribution de ces armoiries est bien simple.

De son premier mariage avec Catherine de Laval,
Clisson avait eu deux filles. C'est l'aînée, Béatrix,
qui fut mariée à Alain (VIII), plus tard vicomte de
Rohan. La cadette, Marguerite, à laquelle du Buisson
donne pour mari un Rohan, épousa, le 20 janvier 1387,
à Moncontour, Jean de Blois, fils aîné de Charles de
Blois et de Jeanne de Penthièvre, que la mort de sa
mère (10 septembre 1384) avait fait comte de Penthièvre.

En 1388, Clisson, qui approchait de la soixantaine,
épousa Marguerite de Rohan, tante paternelle du

debout, ayant des ongles marqués et la langue sortie de
la gueule.

(1) On voit qu'il n'est pas question des *armes de France*.
Il faut s'en tenir à la remarque de M. de Geslin que « le
chapitre les a fait mettre pour enlever la chapelle au
regaire en la supposant de fondation royale. » La pose de
ces armoiries, *qui fut un faux*, est motivée par cette raison
antihistorique que « Marguerite de Penthièvre avait été
opposée au Roi et avait fait sa soumission avant de
mourir ». (*Anciens évêchés*. 1.287.) Au contraire, les Penthièvre, très grands seigneurs en France comme vicomtes
de Limoges, comtes de Périgord, seigneurs de l'Aigle, etc.,
étaient fort bien en cour du Roi ; et le dauphin, depuis
Charles VII, encouragea vivement leur attentat contre
Jean V, son beau-frère.

mari de Béatrix, veuve, depuis près de vingt ans, de Jean de Beaumanoir, le chef héroïque des Trente (1350).

Cela dit, rien de plus facile que de faire l'application des armoiries. Les ermines de Bretagne *avec bordure de gueules* appartiennent à Jean, comte de Penthièvre, et aux cinq enfants mineurs qu'il a laissés en 1403. — Le lion appartient aux Clisson et à ce titre à Marguerite, comtesse de Penthièvre. — L'écusson mi-parti de Clisson et de Rohan porte les armes accolées de Clisson et de sa seconde femme.

Ici se placent trois observations :

1º Du Buisson (ni du reste le procès-verbal de 1652) ne signale pas un écusson mi-parti de Penthièvre et de Clisson. L'absence de cet écusson induit à penser que la vitre a été posée quand la comtesse de Penthièvre était veuve, après janvier 1403.

2º Ce n'est pas l'écusson de Clisson, mais c'est celui de Penthièvre, qui occupe la vitre en supériorité. Il semble que la comtesse douairière de Penthièvre ait voulu marquer que c'est à la maison de Penthièvre, à ses enfants, au nom desquels elle agit, qu'appartiendra le titre de fondateur.

3º Au contraire de ce que nous venons de dire à propos de l'absence de l'écusson mi-parti de Penthièvre et de Clisson, la présence de l'écusson mi-parti de Clisson et de Rohan nous permettra de conclure qu'il a été posé du vivant des deux époux. Or Marguerite de Rohan est morte après le 14 décembre 1406, et Clisson le 23 avril 1407.

Nous aurons à revenir sur ce dernier écusson. Pour le moment, résumons-nous en disant :

D'après les armoiries peintes aux vitres, la chapelle Notre-Dame a été probablement édifiée de 1403, date du veuvage de Marguerite de Clisson, à 1406 et 1407, dates de la mort de la seconde femme de Clisson et du connétable lui-même.

***

Voudrait-on voir dans la date 1447, la date approximative de la fondation de la chapelle ?

On a remarqué avec raison que Marguerite de Clisson n'a pu faire travailler à Notre-Dame, de l'année 1420 à 1441, date de sa mort (1) : 1420 est la date de l'attentat des Penthièvre sur Jean V et de la confiscation qui punit leur félonie et qui dura jusqu'en 1448.

Mais dira-t-on : « Si la comtesse n'a pas elle-même posé la vitre de Notre-Dame, c'est que la chapelle n'était pas achevée en 1420 ? » — Combien est-ce invraisemblable ! Digne fille de son père, Marguerite savait se faire obéir. Qui croira qu'ayant commencé à édifier Notre-Dame, en 1406 au plus tard, elle ait attendu patiemment l'achèvement de cet édifice pendant plus de quatorze années ?

Qui pourrait démontrer que la date 1447 est la date de la première pose de la vitre ? Ne marque-t-elle pas plutôt un rétablissement de la

_____

(1) *Anciens évêchés.* I. 284.

vitre après quelqu'accident ou même de simples réparations ? (1)

Du reste, à raison de la confiscation dont nous venons de parler, les Penthièvre n'ont pu faire ces réparations avant cette année 1447.

Olivier de Penthièvre, fils aîné de Marguerite, était mort, en 1433, sans avoir obtenu la restitution du Penthièvre ; son titre passa à son frère puîné, Jean, seigneur de l'Aigle en Normandie, qui n'avait pas personnellement pris part avec ses deux frères à l'arrestation de Jean V. La mort du duc (28 août 1442) facilitait un rapprochement ; et, en 1445, le duc François Ier manifesta l'intention de recevoir en grâce ses cousins de Penthièvre (2).

Des négociations furent entamées qui aboutirent au traité conclu à Nantes, le 27 juin 1448, entre le duc et Jean de Penthièvre agissant en son nom et au nom de toute sa maison (3).

En 1447, le Penthièvre n'est pas encore restitué au comte Jean ; mais le respect qu'il témoigne au duc (4),

---

(1) La grande vitre n'est pas non plus la vitre primitivement posée, puisque le pignon a été réédifié vers le milieu du XVIe siècle. *Anciens évêchés*, I. p. 285.

(2) Morice, *Pr*. II. 1397. — Compte de Guion de Carné.

(3) Morice, *Pr*. II. 1415. Ajoutons que la restitution de Penthièvre retardée pour diverses causes ne se fit que le 29 décembre 1450. Morice, *Pr*. 11, 1154.

(4) Traité de 1448. « Premièrement le duc considérant la grande humilité en quoy Jehan de Bretagne, comte de Périgord, est venu devers luy en sa ville de Nantes.... » — Morice. II. 1416.

et la bonne volonté de celui-ci assurent l'heureuse issue des négociations. Comment le duc aurait-il refusé à Jean de Penthièvre l'autorisation de rétablir ou de réparer la vitre de Notre-Dame avec ses armoiries, celles de sa mère et de son aïeul le connétable ? Et en rétablissant ou réparant la vitre, Jean, on n'en peut douter, se conformera aux descriptions qu'il a des armoiries.

**

Mais l'écusson mi-parti de Clisson et Rohan nous apporte, je crois, une autre révélation. Ne démontret-il pas que les deux époux ont contribué, avec leur fille et belle-fille, à l'édification de la chapelle Notre-Dame ? Comment expliquer autrement la présence des armes de la maison de Rohan à laquelle Marguerite de Clisson est étrangère ? Nous ne le voyons pas.

La participation de Clisson et de sa femme à la fondation de Notre-Dame de la Fontaine n'a rien d'invraisemblable... au contraire !

Le second mariage de Clisson fut pleinement agréé de ses filles. En devenant femme d'Alain de Rohan, Béatrix était devenue nièce de Marguerite de Rohan ; et des liens d'autre nature unissaient les deux familles.

A sa mort (vers 1368), le maréchal de Beaumanoir avait laissé d'un premier mariage deux fils, Jean, assassiné (en 1386), et Robert, qui vengea la mort de son frère au fameux duel du Bouffay. De Marguerite de Rohan, le maréchal laissait trois filles, dont l'aînée, Jeanne, fut mariée à Charles de Dinan, seigneur de Montafilant et de Châteaubriant. Elle lui avait donné cinq fils quand elle mourut en 1393 (1).

Fidèles partisans de Charles de Blois, les Beaumanoir se rangèrent sous la bannière de Clisson dans ses luttes armées contre le duc Jean IV. Comment ses filles auraient-elles méconnu les services rendus à leur père, le courageux dévoûment de Robert lors du guet-apens de Vannes (1387), et la reconnaissante amitié dont Clisson honorait Robert (2) ?

Ces circonstances ne furent sans doute pas étrangères au mariage de Clisson avec la veuve de Beaumanoir. Ce mariage amena entre les deux familles une seconde union : un jour, la comtesse douairière de Penthièvre donnera sa plus jeune fille, Jeanne, à Robert de Dinan, petit fils de Marguerite de Rohan (3).

(1) Voici leurs noms : 1° Henri, mort avant son père 1403) ; — 2° Roland ; 3° Robert ; 4° Bertrand, héritiers l'un de l'autre et morts sans hoirs ; (Bertrand, seigneur des Huguetières, depuis maréchal de Bretagne) ; 5° Jacques, grand bouteiller de France (1437), mort un mois avant Bertrand, laissant une fille, Françoise, héritière de la maison de Dinan.

(2) C'est Robert de Beaumanoir que Clisson chargea de porter au Roi son épée de connétable. Il lui lègue 4,000 livres (environ 280,000 de notre monnaie) ; et il le fait un de ses exécuteurs testamentaires.

(3) Jeanne était veuve de Jean Harpedanne, seigneur de Montaigu. La généalogie de Penthièvre (Morice. *Hist.* I. p. XIX) met ce premier mariage à *1448*. Erreur typo-

Les oncles du Roi disgrâciant Clisson, en 1392, l'avaient condamné à ne plus tirer l'épée de connétable. Après la paix tardive d'Aucfer (1395), Clisson s'enferma dans la retraite ; il n'en sortit guère que pour venir armer chevalier le jeune duc Jean V, au jour de son couronnement (23 mars 1401.) De ce jour, le connétable ne revêtit plus l'armure ; et nous pouvons nous le figurer drapé dans « la houppelande rouge doublée de martre » qu'il léguera à Bertrand de Dinan, petit-fils de Marguerite de Rohan.

C'est au château de Josselin que Clisson et Marguerite de Rohan passèrent leurs dernières années. Le château était le chef lieu du comté de Porhoët que Clisson avait donné à Béatrix en la mariant à l'héritier de Rohan ; mais il y restait le maître ; et il y recevait la visite de ses filles.

graphique. Robert, second mari, est mort en 1429. Faut-il lire *1418* ?

Une autre preuve de l'amitié de Clisson pour les Dinan se trouve dans son testament. — Il confirme le legs de sa part des conquêts fait par sa femme à Bertrand (seigneur des Huguetières) son petit-fils ; et il y ajoute « toute sa terre de Lohéac, son harnais de corps, son coursier fauve, 300 livres, son jacques (pourpoint) et sa houppelande rouge fourrée de martre. » — Il ne peut s'agir de Lohéac, baronnie d'ancienneté, contenant dix paroisses (canton de Pipriac, ar. Redon, Ille-et-Vilaine). Cette seigneurie avait passé (1361) par le mariage d'Isabeau de la Roche (Bernard) à la maison de Montfort-Gaël. (Morice, *Pr.* II, 422). En 1407 (date du legs de Clisson), elle était aux mains de Jean de Montfort, époux (1403) d'Anne dame de Laval. Leur second fils fut André, maréchal *de Lohéac.* Testament et codicille de Clisson. Morice. *Pr.* II. 782.

Dans leur solitude, les deux époux revenaient aux jours passés. Clisson se reprochait bien des actes de violence, il essayait de les réparer par des fondations pieuses et des aumônes. Mais un fait surtout effrayait ses scrupules et ceux de sa femme.

En 1375, Jean IV exilé en Angleterre tentait de ressaisir le duché. Prévoyant une entreprise sur Saint-Brieuc, qui était ville ouverte, Clisson n'hésita pas à munir de défenses les tours massives de la cathédrale. Il attira ainsi la guerre sur l'église qui gardait les reliques de saint Brieuc et le tombeau de saint Guillaume. Jean IV battit les tours pendant quinze jours sans pouvoir les forcer ; mais non sans causer de grands dommages à l'église.

Dix-neuf ans plus tard (en 1394), les rôles sont intervertis : les soldats de Jean IV sont logés dans les tours. Clisson bat l'église de ses machines, s'en empare, s'y enferme, la fortifie de nouveau ; mais l'église transformée en forteresse est à demi-ruinée.

La commune préoccupation des deux époux à cet égard est démontrée par leurs testaments rapportés en 1406 et 1407, à une époque très voisine de leurs morts (1).

La première, Marguerite de Rohan lègue « aux fabriques de l'église cathédrale et du manoir de St-Brieuc, pour ce qu'elle a été endommagée par les

(1) Le testament de Marguerite est du 14 décembre 1406. Morice. *Pr.* 11, 775-778.

Celui de Clisson est du 5 février 1406 (1407 n. s.) avec codicille du lendemain. 779-784.

Clisson mourut le 23 avril suivant.

guerres, à chacune des dites fabriques, 500 livres. » — Quelques jours après, Clisson laisse « à l'église de St-Brieuc pour la réparation d'icelle 300 livres ». Ces trois sommes représentent environ 100.000 fr. monnaie actuelle (1).

Pendant que Clisson et sa femme sont dans ces dispositions d'esprit, la comtesse de Penthièvre se met à rebâtir la chapelle Notre-Dame. Le luxe avec lequel elle décore l'édifice lui coûte cher. Supposez qu'elle recoure à la bourse de son père et de sa belle-mère. Lui faudra-t-il beaucoup supplier pour obtenir un don en l'honneur de « la benoiste et glorieuse Vierge Marie »,. à laquelle les deux époux recommandent si pieusement leurs âmes ? La construction de la chapelle couvrant l'oratoire de saint Brieuc ne sera-t-elle pas, d'ailleurs, comme une réparation faite au saint pour les dommages causés à son église ?

La chapelle Notre-Dame n'est pas nommée dans les testaments de Clisson et de Marguerite de Rohan ; sans doute parce qu'elle est déjà construite ; et peut être dès ce moment les écussons accolés de Clisson et de Rohan disaient-ils aux visiteurs et aux pèlerins de Notre-Dame ce qu'ils nous disent aujourd'hui, que Clisson et Marguerite de Rohan ont largement contribué à la construction de la chapelle.

(1) En 1431, le duc Jean V; peut-être en souvenir des dommages causés à l'église par son père, en 1375, donnait au chapître 400 livres, (environ 24.000 fr., monnaie actuelle) *pour l'aider à réédifier l'église. Anciens évêchés*, I. 215.

₊

Que l'honneur de la fondation de Notre-Dame reste à Marguerite de Clisson et à ses enfants, soit ! Mais ne dénions pas au connétable de Clisson l'honneur d'avoir été avec Marguerite de Rohan, le bienfaiteur insigne de la chapelle ; et que son souvenir y reste uni à celui de sa fille !

Clisson fut une des illustrations de temps très différents des nôtres, mais qui ne furent pas sans grandeur. Il est une de nos gloires bretonnes. Il a dignement tenu l'épée de la France entre Du Guesclin, notre premier connétable, et le troisième, Arthur, comte de Richemont, notre duc Arthur III, auquel l'histoire n'a pas fait « toute la place qui lui appartient (1). » C'est lui, en effet, quoi qu'on dise aujourd'hui, qui a chassé l'Anglais de France (2).

(1) Guizot. *Histoire de France.* II. p. 256-257.

(2) On répète continuellement : « Jeanne d'Arc a chassé l'Anglais. » La vérité est que Jeanne d'Arc a sauvé Orléans, gagné la bataille de Patay, engagée malgré elle par Richemont, fait sacrer le roi, et pris quelques places. Elle a sauvé la France en rendant la confiance au roi, l'espoir et l'assurance au peuple et à l'armée. — Mais, après son supplice, il restait à reprendre la Champagne, l'Ile de France, Paris, le Maine, la Normandie, la Guyenne. Ce fut l'œuvre de Richemont et de l'armée qu'il avait formée ; et cette œuvre n'a été achevée que vingt-et-un ans après la mort de Jeanne d'Arc. (Victoire de Castillon. Juillet 1453).

Autre légende : on disait dernièrement :

« Ce rude chevalier Bertrand Du Guesclin, incarnant

Rappelons surtout à l'honneur de Clisson son projet de descente en Angleterre. Suivant la pensée de Du Guesclin, il voulait porter la guerre chez les Anglais. Tout était prêt dans le port de Tréguier ; Clisson allait prendre la mer, lorsque le duc Jean IV l'arrêta traîtreusement à Vannes. Supposez Clisson vainqueur sur la terre anglaise : c'était la France vengée de Crécy et de Poitiers, — et qui sait ? — préservée peut-être d'Azincourt et des désastres qui suivirent jusqu'aux jours bénis où Dieu prenant pitié de la France suscita Jeanne d'Arc.

« la patrie comme la noble fille de Lorraine, à l'époque « la plus sombre de notre histoire, sauva le royaume et « avec lui la nation française encore au berceau. »

Le rapprochement des deux noms de Du Guesclin et de Jeanne d'Arc ne va-t-il pas induire en erreur et les faire prendre pour compagnons d'armes, quand un demi-siècle les sépare ? Passons. — Mais dans le reste pas un mot qui ne soit une erreur. Du Guesclin n'a pas *incarné la patrie française :* et pour une bonne raison : *breton,* il n'était pas *français.* — *L'époque la plus sombre de notre histoire* est venue après sa mort (1380), avec la folie de Charles VI, le désastre d'Azincourt, la prise de Paris, l'alliance du duc de Bourgogne avec l'Anglais, le traité de Troyes, etc. (1420 quarante ans après Du Guesclin). Il n'a donc sauvé ni le *royaume* ni la *nation française encore au berceau.* Erreur ! Tous les historiens ne placent-ils pas la formation de la nation au XIe et XIIe siècles (avant Bouvines — 1214) ?

Cette phrase est extraite du discours de M. le Président de la République au banquet de Rennes. Août 1896.

497. — Saint-Brieuc. Imp. René Prud'homme.

www.ingramcontent.com/pod-product-compliance
Lightning Source LLC
LaVergne TN
LVHW020046090426
835510LV00040B/1428